L'ALLEMAGNE

ET LES NEUTRES

L'ALLEMAGNE

ET

LES NEUTRES

Celui qui questionne beaucoup, risque fort de se perdre.

BRUXELLES

KIESSLING & Cie, LIBRAIRES-ÉDITEURS

26, MONTAGNE DE LA COUR, 26

1870

L'ALLEMAGNE

ET

LES NEUTRES

L'auteur de ces lignes, orphelin, a passé par des expériences
très-rudes, il a souffert beaucoup, il a vu et appris beaucoup
de choses qui passent inaperçues pour d'autres. Dans une
école il fit la connaissance d'un garçon excellent, mais réelle-
ment trop bon, car il acceptait tout de ses camarades, auxquels
il ne servait que trop souvent de souffre-douleur. Il avait bon
cœur ; donc, chacun l'employait et l'appelait dans sa détresse,
car il avait du talent, et de plus il était fort. A l'un il donnait
des conseils pour ses exercices de mathématiques, à l'autre
pour le grec ou le latin. Il trouvait le temps pour tout, car
c'était un travailleur infatigable, et si par hasard la classe dont
il faisait partie était en querelle avec quelque autre, il devait
encore défendre l'honneur de la sienne, souvent même aux
dépens de son dos. Il faisait et endurait tout cela sans remer-
cîments. Mais gare si de temps en temps il trouvait une plai-

santerie trop forte ou s'il ripostait aux coups d'un méchant gamin en les lui rendant avec les intérêts!

Cela se passe ainsi dans beaucoup d'écoles, cher lecteur, et non-seulement à l'école, mais aussi dans la vie de tous les jours, et même dans la vie des nations.

Ce sort était réservé surtout à la nation allemande depuis la fin tragique des Hohenstaufen. L'Allemagne versait son sang pour d'autres sur presque tous les champs de bataille du monde. Des peuples germaniques délivrèrent le monde de la domination *politique* de Rome, et mille ans plus tard, par la réformation, ils secouaient le joug de la domination *spirituelle* de la Rome papale, en donnant aux peuples la liberté de la conscience.

Les lansquenets allemands aidèrent à délivrer les Pays-Bas dans la guerre de 80 ans de la domination espagnole, et plus tard de celle de la France. Ils combattirent dans les colonies, et l'Angleterre se recruta en Allemagne pendant assez longtemps. Dans la guerre de sécession d'Amérique qui vient de finir, les régiments allemands furent d'un secours immense. Même dans la guerre actuelle, l'Allemagne se bat plutôt pour les autres que pour elle-même. Jamais on ne lui a su gré de ses services; c'était son devoir, et malheur à elle, si elle ne voulait plus les donner!

Si la Prusse eût approuvé cet ignoble marché du Luxembourg, conclu par nécessité d'argent entre le roi de Hollande et la France, quelle triste position en serait résultée pour la Belgique! La Belgique a-t-elle su gré à la Prusse de ce service? Qu'on lise les journaux belges de ce temps!

Les esprits en Hollande, pendant ce temps, se trouvaient dans un état qui frisait la démence. La Prusse aurait jeté son dévolu sur la Hollande jusqu'au Zuiderzée. Pourquoi? Parce que la Prusse manquait complétement de ports de guerre, et voilà pourquoi elle voulait la Hollande *jusqu'au Zuiderzée*. Les grands politiques en Hollande qui avaient trouvé cette excellente raison, auraient pourtant pu apprendre, puisqu'ils ont fréquenté les universités de leur pays, que la Prusse possède les plus beaux ports de guerre du monde, tandis que la Hollande ne possède rien de ce genre.

Pendant la guerre de 1866, la Prusse se trouvait également en hostilité avec le grand-duc de Luxembourg. Si elle avait voulu prendre ce pays, rien n'aurait été plus facile. Elle ne l'a pas fait, et pour la remercier, le grand-duc Guillaume vendit secrètement le pays à la France, car il avait besoin d'argent. Les neutres d'aujourd'hui, l'Autriche, la Russie, le Danemark et l'Angleterre ne trouvèrent naturellement aucune objection sérieuse. Seul le danger que courait la Belgique provoqua un échange de dépêches très-suivi et les grands cris des journaux, juste comme au temps de l'annexion de la Savoie et de Nice.

Napoléon Ier, auquel on attribue du reste beaucoup de mots qui ne lui appartiennent pas, aurait dit un jour : « Dieu » a créé l'Allemagne pour amuser la France, et si cela n'était » pas, on devrait le prier pour qu'il la fasse. »

Oui, c'était du temps où le brave Michel (*) allemand, grand, fort et bien doué, son bonnet de nuit sur les oreilles, filait de la laine en rêvant de l'empereur enchanté, Barberousse, enfermé dormant dans les profondeurs de la montagne du Kyfhäuser.

Grâce à Dieu, ces temps sont passés, l'Empereur s'est éveillé et Michel ne file plus la laine pour ses ennemis.

Ce n'est pas l'élévation de la Prusse qui fit tomber l'empire germanique, mais c'est parce qu'il tombait que la Prusse s'élève !

Nicht weil Preussen sich hob, ist gesunken das Reich der Germanen,
Nein! sein Sinken war Ruf : Hebe Borussia Dich!

Tout comme l'Allemagne jouait le rôle du bon enfant de l'Europe, le petit marquis de Brandebourg, ou la pauvre petite Prusse devait jouer ce rôle en Allemagne. Heureusement que le grand prince électeur, plus tard premier roi de Prusse,

(*) Comme on appelle en plaisantant la nation anglaise : *John Bull*, les Américains : *frère Jonathan*, on dit de la nation allemande : *le Michel allemand*, équivalent à peu près au mot français : bonne bête!

sous le nom de Frédéric Ier, et Frédéric II, comprenaient la chose d'une autre façon. Lorsque la Prusse en 1813, 14 et 15 dut faire les plus grands efforts pour chasser Napoléon Ier, et qu'elle y réussit, elle réclama pour l'Allemagne l'Alsace et la Lorraine, non pas conquises, mais indignement volées par la France. Elle ne fit pas cette réclamation par vengeance, mais pour de bonnes raisons stratégiques, afin d'empêcher de nouveaux retours offensifs de la France contre notre pays. Mais les peuples qu'elle avait aidés le plus à secouer le joug de Napoléon s'y opposèrent le plus, et ces deux provinces, quoique parfaitement allemandes, restèrent à la France.

Pitt, le grand ministre anglais, réclamait déjà dans son testament le retour de ces provinces à l'Allemagne, et au profit même de la Prusse, comme étant la seule sentinelle sur les bords du Rhin. Lord Castlereagh apporta le testament au congrès de Vienne, mais agit dans un sens tout à fait opposé. Il menaça même de faire marcher ses 15,000 Anglais contre les 200,000 Prussiens.

La Russie également menaça de ses 50,000 hommes, elle qui dans la paix de Tilsit s'allia à Napoléon pour obtenir aux dépens de son ancien allié, la Prusse, le gouvernement de Bialystock. L'Autriche s'y associa également ainsi que les divers souverains allemands agrandis par la grâce de Napoléon en répétant à l'envi la phrase de Talleyrand : « Il faut que la France, cette belle France, soit forte, heureuse et puissante, c'est l'intérêt de l'Europe. » Phrase que répéta plus tard encore une fois Napoléon III.

Il n'a pas suffi que la France restât plus que puissante en face de l'Allemagne, il a fallu encore déchirer la Prusse, de façon à la laisser faible et impuissante, de sorte que jusqu'en 1866 on comparait sa forme géographique à un bas troué. C'est pourquoi la guerre de 1866 était devenue une nécessité, de même que celle d'aujourd'hui.

Que *beaucoup de soi-disant savants* et *journalistes* français ne le comprennent pas, ce n'est pas étonnant, vu leur grand savoir en fait d'histoire et de géographie.

La possession de l'Alsace et de la Lorraine ne suffisait pas encore à la France et ne la contentait nullement, cela a été prouvé assez clairement par l'annexion de la Savoie et de Nice, ainsi que par la revendication continuelle de la rive gauche du Rhin. Napoléon n'a exécuté que ce que le peuple français désirait depuis 1815. Voilà pourquoi la guerre contre la Prusse fut acclamée avec une joie immense, et les quelques personnes qui la voulaient bien aussi, mais ne croyaient pas le moment favorable, comme par exemple M. Thiers, furent huées et gratifiées du titre de « Prussiens ». Si MM. Jules Favre, Gambetta et d'autres attribuent aujourd'hui cette guerre et son issue malheureuse à Napoléon, nous avons, au contraire, la conviction profonde que la responsabilité en pèse sur eux. Eux, les irréconciliables qui prêtaient en entrant aux Chambres le serment de fidélité à l'Empire, ils ont tout fait pourtant pour le faire tomber. Ils ont forcé le gouvernement, par leur opposition absolue, surtout depuis Sadowa où le prestige français avait reçu une si rude atteinte, à recourir aux expédients, aux surprises, au plébiscite et à la guerre. Aujourd'hui M. Jules Favre voudrait nous faire croire par sa circulaire que la république est la paix, tout comme autrefois Napoléon disait : « l'Empire c'est la paix », au lieu de dire : « l'Empire c'est l'épée ». Et M. J. Favre, en excellent avocat, n'oublie pas, dans l'intérêt de ses clients, nous ne voulons pas dire de falsifier, mais de rétorquer les paroles du roi Guillaume, car il dit : « De son côté, le roi de Prusse a déclaré qu'il faisait la guerre, *non à la France, mais à la dynastie impériale.* La dynastie est à terre, la France libre se lève. »

Le roi de Prusse a dit dans sa proclamation lorsqu'il passait la frontière française : « Je fais la guerre aux soldats français, mais non aux habitants ».

La proclamation avec raison ne sépare pas le gouvernement du peuple, car le peuple, ainsi que les Chambres et le Sénat, n'ont cessé de réclamer à grands cris la rive gauche du Rhin.

N'oublions pas non plus les journalistes, et à leur tête Émile de Girardin, qui ont vociféré dans un langage tout à fait inconnu jusqu'ici dans le monde bien élevé. Et cette nation qui a tant désiré cette guerre et tout fait pour amener son gouvernement à la déclarer, qui a donné 7 millions de voix à son empereur, elle l'abandonne d'une façon tellement indigne, que l'on cherchera en vain dans toute l'histoire un exemple pareil. Il est vrai que l'attachement à ses princes et la reconnaissance pour le bien qu'ils ont pu faire ne sont pas des vertus françaises. Elle a assassiné ses meilleurs rois, n'a pas même ménagé les femmes ni les enfants; elle a trahi Napoléon Ier, chassé Louis-Philippe; et aujourd'hui Napoléon III, qui pourtant était son portrait fidèle, est oublié du jour au lendemain.

Y a-t-il eu jamais un Corps législatif qui ait tenu une conduite plus ignoble que le dernier?

Quel spectacle nous donnent ces puissances dites neutres? Elles n'ont pas encore oublié 1814 et le congrès de Vienne, tout aussi peu que les Français 1793. Elles étaient depuis longtemps dans un état de somnolence, mais elles ont oublié ou elles ne se sont pas aperçues que la Prusse et l'Allemagne sont changées depuis ce temps, et que le roi Guillaume a trouvé dans M. de Bismark un conseiller plus fort que ne l'était M. de Hardenberg pour Frédéric-Guillaume III. Les autres princes et peuples allemands, le peuple allemand toût entier, avec son million de soldats, pense et sent autrement aujourd'hui.

Ces princes neutres qui ne pouvaient pas ou ne· voulaient même pas empêcher la France de déclarer la guerre à la Prusse, et qui certes n'auraient point empêché la France de prendre la rive gauche du Rhin à l'Allemagne et de conclure plus tard une petite affaire avec le grand-duc hollandais du Luxembourg, veulent empêcher aujourd'hui l'Allemagne de dicter les conditions de la paix à la France? Est-ce que la Prusse ou l'Allemagne ont jamais soulevé des objections, lorsque la Russie, la France ou l'Angleterre faisaient des conquêtes avec ou sans apparence de droit? Qu'auraient répondu ces puissances neutres à ces objections? Pourquoi s'arrogent-elles ce droit maintenant? En vérité, le cabinet anglais actuel n'agit pas mieux que ne le fit en 1814 lord Castlereagh, de triste mémoire. Qu'aurait fait l'Angleterre, si la France, sans autre forme de procès, avait occupé la Belgique désarmée? Elle aurait jeté de hauts cris aux quatre coins du monde et aurait conjuré les autres puissances, et surtout la Prusse, de venir en aide à la Belgique. Mais elle-même, elle n'aurait pas plus agi que lors de l'annexion de la Savoie et de Nice, et lors des révolutions successives de la Pologne. En 1855 son secours n'aurait été que de fort peu d'utilité à « *l'homme malade* » dans l'Orient, si Napoléon n'avait point fourni les armées. Qu'a-t-elle fait pour l'Italie? De belles protestations d'amitié et de sympathie, tout comme aux Polonais, mais d'actions, point! L'Italie doit son unité à Cavour, à Napoléon, à Garibaldi et à Sadowa. Anvers une fois entre les mains de la France, ce n'est pas l'Angleterre, ni la Russie, ni l'Autriche ou l'Italie qui la lui reprendront, aussi peu qu'elles assureraient l'indépendance et la liberté de ce pays. Il n'y a que l'Allemagne forte et unie qui puisse le faire.

C'est bien en tenant compte de cet esprit mercenaire et de l'impuissance physique de la nation anglaise que son gouvernement vient de faire signer de nouveau un traité stipulant que les autres puissances belligérantes doivent aider la puissante Angleterre contre celui qui enfreindrait la neutralité belge. Elle a demandé au Parlement 20,000 hommes à cet effet, presque autant que la division de troupes du grand-duché de Bade, mais nous doutons fort que ce nombre eût imposé beaucoup à la France ou à l'Allemagne; nous croyons même que si les maréchaux français avaient jugé utile de faire une diversion par la Belgique, celle-ci aurait pu attendre longtemps ces secours, tout autant que la Prusse en 1866 attendait le contingent du duché de Mecklembourg-Strelitz, ou l'Autriche celui de la principauté de Lichtenstein.

Nous avons le droit de demander ici ce que les puissances neutres auraient fait si la Prusse avait accepté les propositions de M. Benedetti? Qui aurait arraché aux mains de Napoléon la rive gauche du Rhin y compris la Belgique? (Dans ce cas, le Luxembourg serait devenu français probablement sans fournir au grand-duc une petite affaire d'argent.) Et maintenant que la Prusse a rejeté ces propositions et qu'elle doit à cause de son refus faire la guerre actuelle, quelle est la reconnaissance des neutres?

Nous le savons !

Oui, lord Granville est un grand homme, en chemin même de devenir aussi grand qu'un Castlereagh. Ce grand homme veut actuellement, avec l'assistance des autres neutres, — mot qui commence à acquérir une signification singulière — imposer des lois à l'Allemagne attaquée la première, mais aujourd'hui victorieuse; il veut lui prescrire les conditions de la paix; juste comme Louis XIV à l'Électeur de Brandebourg dans la paix de Saint-Germain-en-Laye le 29 juin 1679. Les neutres se souviendront que les paroles de douleur du grand Électeur « *Exoriare aliquis nostris ex ossibus ultor* » (1) sont devenues vérité, et, qu'ils y pensent, ce n'est plus l'Électeur de Brandebourg qui se trouve en face d'eux, mais bien toute l'Allemagne réunie.

Oui, l'Angleterre est une nation mercantile exploitant toute circonstance à son profit.

La preuve est fournie par l'affaire de l'*Alabama* et par les déclarations du comte de Palikao à la tribune du Corps législatif disant que l'Angleterre a accepté la fourniture d'armes de guerre, tout comme auparavant la fourniture du charbon aux navires de guerre. Mais il n'y a rien d'étonnant là pour nous, puisque l'Anglais se fait bien payer l'outrage fait à son honneur conjugal! — Voilà pourquoi les neutres trouvent fort naturel que l'Allemagne se fasse payer en argent le sang des enfants tombés sur les champs de bataille.

Nous répondrons que nous ne le vendons pas, notre sang, et qu'il ne peut jamais être payé par tout l'or ou l'argent de la France.

Cet or sèchera-t-il les larmes ? Consolera-t-il les cœurs

(1) Que de nos successeurs naisse le vengeur.

brisés ? Nous ne voulons pas d'expiation ni de vengeance, mais nous voulons que l'on nous laisse la tranquillité chez nous et une paix durable à l'extérieur. Comme les neutres n'ont pas su nous préserver de la guerre, qu'ils ne le feront point à l'avenir, et qu'ils ne nous donnent aucun secours, nous savons ce que nous avons à faire et comment nous devons nous garantir pour l'avenir. Nous n'avons pas besoin de tuteur, aussi peu que nous demandons à l'être pour d'autres !

Le *Daily News* consacre à la circulaire de M. Jules Favre un article dont voici les principaux passages : « M. Favre jette la responsabilité de la continuation de la guerre sur le roi de Prusse. Le nouveau gouvernement ne veut rien céder, pas un pouce de notre territoire, pas une pierre de nos forteresses. » Il désire la paix, mais il ne veut pas bouger d'un pouce pour l'obtenir. Le roi de Prusse peut abandonner la partie ou la continuer, selon qu'il lui plaît; il peut marcher sur Paris ou retourner en Allemagne, mais il n'obtiendra rien de la France. « Si le roi de Prusse désire continuer cette guerre impie, il est libre d'en assumer la responsabilité à la face du monde et de l'histoire. »

Cette manière d'envisager la situation est française d'une manière tellement caractéristique qu'il est presque impossible de la critiquer. Elle suppose que la France doit profiter de toute la sagesse de ses gouvernants, mais qu'elle ne doit jamais rien perdre par leurs fautes. La France doit être l'exception à toutes les règles, et jouir de l'exemption de toute loi. La France peut commencer une guerre injuste, mais si elle est défaite, elle ne doit subir aucune pénalité. La France peut accepter du territoire, mais elle ne doit jamais en perdre; elle peut faire la guerre pour conquérir les provinces rhénanes de la Prusse, mais si elle est défaite, elle ne veut donner aucune garantie contre l'agression.

Telle est la simple signification des paroles de M. Jules Favre. Nous honorons son patriotisme, mais nous ne pouvons que regretter sa résolution. Elle enlève tout espoir de paix. La France ne veut rien concéder. Elle ne veut pas même avouer sa défaite, et ne laisse aux Allemands d'autre alternative que de poursuivre leur lutte jusqu'à sa fin amère.

C'est pendant que le nouveau gouvernement recueille ainsi toute son énergie pour la continuation de la lutte, que le calme qui s'est produit dans la tempête de guerre soulève de nouveau des rumeurs de paix. On parle de vagues mouvements des puissances neutres pour la proposition d'un armistice comme premier pas vers les négociations. Une semblable proposition serait nécessairement bien accueillie par les neutres. Mais la question n'est pas de savoir si un armistice convient aux neutres, mais bien s'il convient aux combattants. Un armistice est une simple pause dans les opérations de guerre. Il présuppose ou bien un épuisement temporaire des deux parts, ou une disposition de l'une des deux parties à traiter.

Mais ces conditions n'existent pas dans la guerre actuelle. La Prusse est triomphante et la France est abattue; mais la France proteste plus haut que jamais qu'elle ne traitera pas avec un ennemi qui occupe son sol. Un armistice au moment actuel signifie simplement une halte dans la carrière triomphante des armes germaniques, et du temps donné à la France pour reprendre haleine et recueillir ses forces pour une plus longue résistance. C'est un pur enfantillage de parler d'un armistice dans ces conditions. M. Favre ne daigne pas le demander; l'Allemagne n'en a pas besoin, et aucune puissance neutre ne peut tenter de l'imposer sans être immédiatement entraînée dans le conflit.

Un armistice serait nécessairement une excellente chose pour la France. Il donnerait au nouveau gouvernement du temps pour organiser ses forces et consolider son pouvoir. Il serait égal en valeur à une nouvelle armée dans la plaine de Saint-Denis. Tout ce qui manque à la France c'est du temps : l'armistice le lui donnerait. Les armées allemandes s'arrêteraient dans leur marche sur la capitale, et chaque jour de retard mettrait Paris mieux en état de leur résister. Mais que ferait le roi Guillaume s'il consentait à un semblable armistice? Il jetterait la moitié des avantages qu'il a si chèrement achetés. Ce serait l'équivalent du sacrifice de cent mille autres de ses soldats citoyens. C'est la rapidité de ses mouvements qui a fait la force de la stratégie allemande. Elle a porté coup sur coup à l'ennemi jusqu'à ce que celui-ci se fût retiré sous les murs de la capitale; s'arrêter maintenant serait détruire les fruits de la victoire. Il ne peut y avoir ni armistice, ni pause pour respirer, jusqu'à ce que la France exprime la volonté de traiter et d'acquiescer aux bases de paix.

Brux. — Typ. de Cʜ. et A. Vᴀɴᴅᴇʀᴀᴜᴡᴇʀᴀ, rue de la Sablonnière, 8.